你好啊，小诗词

⑧壮志深忧国

刘道林◎编著
霜　豪◎绘

中国铁道出版社有限公司
CHINA RAILWAY PUBLISHING HOUSE CO., LTD.

[使用说明]

9 类 88 种汉字结构
和语文配套的硬笔楷书
全方位的练习指导
与诗文紧密结合

注释
给多音字、生僻字注音
为难字释义

16 类 200 首经典古诗词
硬笔楷书，大字展示
更方便抄诗、临摹
诗词涵盖中小学生必背诗词
及优秀的课外诗词

题临安邸

山外青山楼外楼，
西湖歌舞几时休？
暖风熏得游人醉，
直把杭州作汴州。

小诗词知识
了解诗人创作背景
感受古代文人生活
学习诗词分类知识

画赏
读诗赏画
培养审美

诗说
尊重诗词原意
解读诗境，注释浅显易懂

[书 法 常 识]

坐姿

开始做诗抄，首先要有一个正确的坐姿。好的书写姿势，既可以提升专注力，又可以让身体更放松，还可以提高抄诗的速度，达到事半功倍的效果。

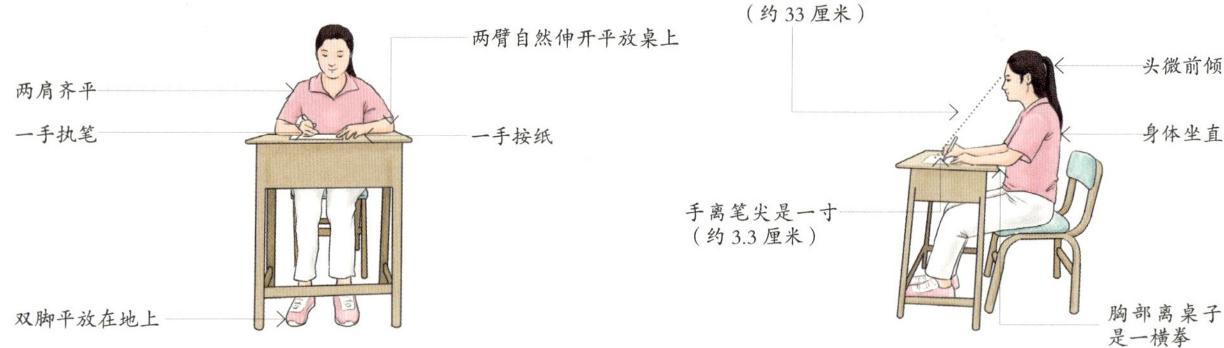

正确的书写姿势

握姿

抄写诗的过程需要手指和手腕的配合，“两面三点执笔法”能有效地调动它们的灵活性，①②两面捏住笔，③④⑤为支撑点。

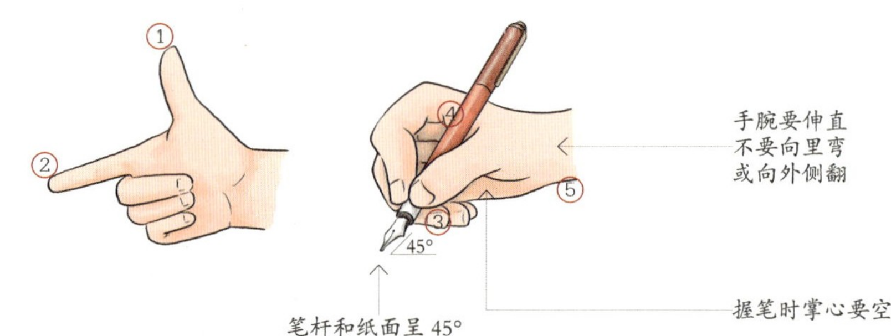

心态

抄诗时要心平气和，不能过分追求速度，导致越写越急，越急写得越潦草。

善于发现抄诗的乐趣，养成一种“乐而知之”的良好心态。

每天可以安排 5~15 分钟抄诗，需保证抄诗的质量，不要追求数量。

选笔

笔尖坚硬的书写工具，都被称为“硬笔”。可根据不同学段选用铅笔、中性笔、钢笔等抄诗工具，笔杆应粗细相宜。不建议选择自动笔和圆珠笔进行练字。

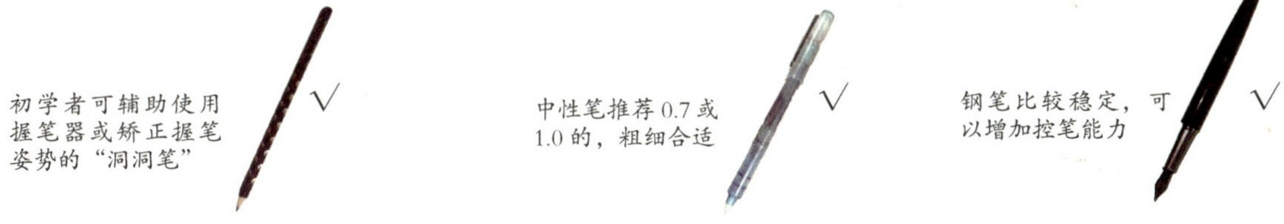

选帖

在挑选临摹字帖时，建议根据个人的喜好选帖。将水平较高的字帖，放在一起对比。

当代一些比较优秀的书法家，他们风格都各不相同，有清秀别致、严谨规范的，也有潇洒飘逸、激励奔放的。选择自己最喜欢的字帖临摹。荀子曰“好一则博”，初学书法，要先专一，方能博学。选好一本字帖，要专心致志练下来，不能朝三暮四，待一本字帖临摹熟了，才可更换字帖，博采众长。

读帖

在临帖之前要仔细观察字的结构、布局、笔画、笔法等，古人称之为“读帖”。

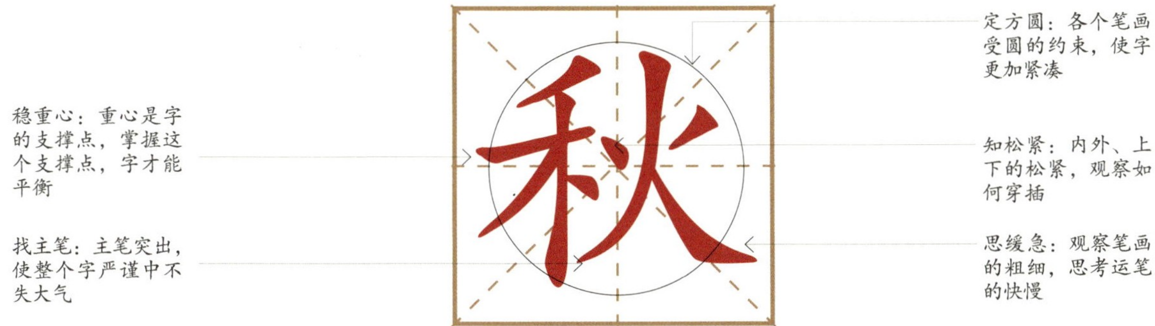

临帖

临帖是照着字帖上的字，通过自己练习去了解书法的技法和规律，是学习书法的最有效方法。学习的重点从笔画到结构再到章法，循序渐进。

笔画：一个笔画怎么写

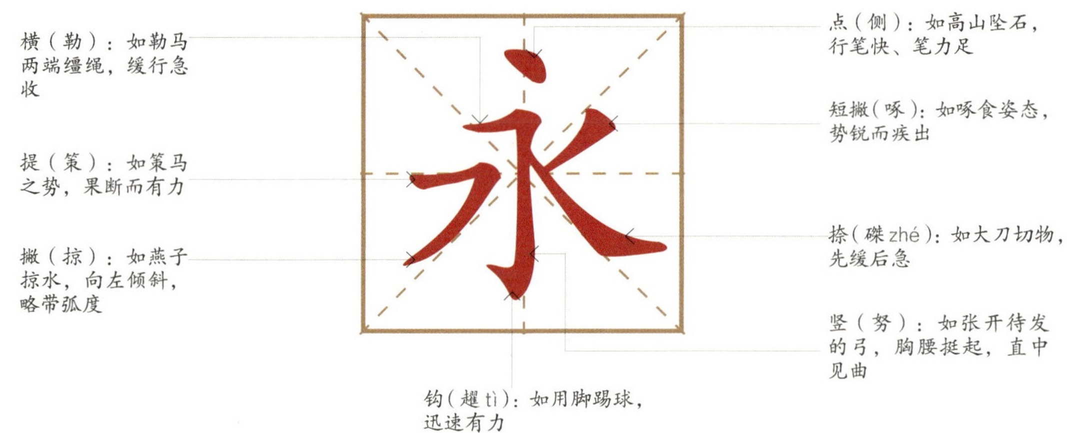

结构：一个字怎么写

汉字分为上下、左右、半包围、独体字等结构，结构虽然多样，但还是有规律可循。这里不赘述，正文“练字指导”版块里，有详解。

章法：一首诗怎么写

特点

整齐划一：字与字、行与行之间等距，保持整齐但不呆板。

多样统一：在和谐统一的关系中注入多样性、变化性，不应该忽略每个字的细节。

形式

横写法：字序从左到右，行序从上到下，首行空两格，字间加标点。

竖写法：字序从上到下，行序从右到左，是较为传统的书写方式。

汉字部件的位置

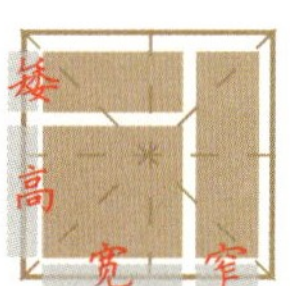

汉字部件的尺寸

练字指导索引

上下结构的字

左右结构的字

左中右结构的字

独体字

半包围结构的字

常用偏旁

目录

忧

志

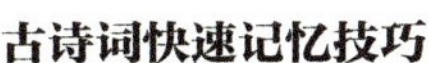

古诗词快速记忆技巧

熟读后，书写三遍。

第一遍，描：用自干笔在本书诗词上直接描。

第二遍，抄：在田字格本子上抄，每句只看一次。

第三遍，默：尝试独立默写整首诗。

（每个主题的诗词按照难度由低到高排序）

经典的古诗词，诵读是远远不够的，在落笔书写的那一刻，在平顺转折之间，字里行间溢满了诗人的情怀。诗言志，词言情，生活中有了诗词，才会有诗意。从小就感受诗词的意境，人生何惧不精彩。

这本《壮志深忧国》分册中，我们选择了 26 首诗词，并根据诗意分为忧、志两个主题，引导读者赏析诗词，抄写诗词，理解诗意，感受诗境。

《红梅鸸鸪图》 于非闇

这是一幅色彩明丽的工笔花鸟图，一枝娇艳的红梅从画的左下角向上延伸，树干苍劲有力，白蕊红梅在翠色竹叶的衬托下，俏丽妩媚。梅枝中间有一只红嘴鸸鸪，脚爪用力地勾住树干，头微微侧转，显得活灵活现。

越中览古

【盛唐】李白

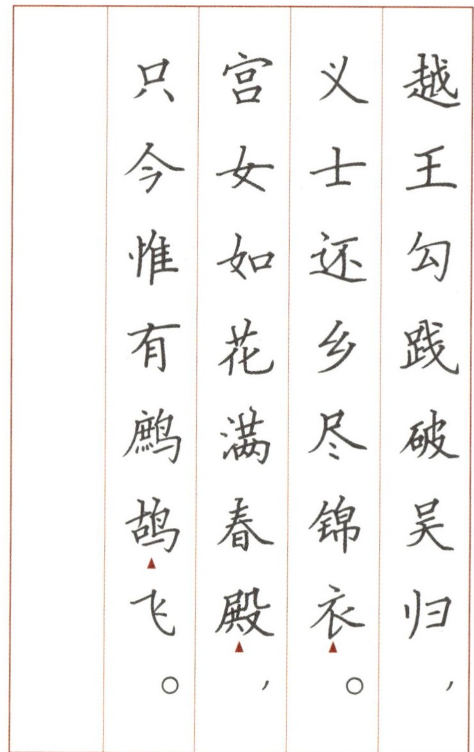

练字指导

独体字。
字形偏长，
写横折背钩时，
横画略往上倾斜，
背钩往左弯曲，
撇和点位于横斜钩偏上位置。

▲越中：指会稽，春秋时期越国曾在这里建都。 ▲锦衣：华丽的衣服。

▲春殿：宫殿。 ▲鹧鸪（zhè gū）：一种鸟类。

越王勾践战胜了吴国之后，战士们都衣锦还乡了。当初满殿的宫女如花似玉，如今却只有鹧鸪飞落在断壁残垣上。

诗人在这首诗中选取了一个历史片段进行特写，抒发了诗人对人事变化、盛衰无常的感慨。

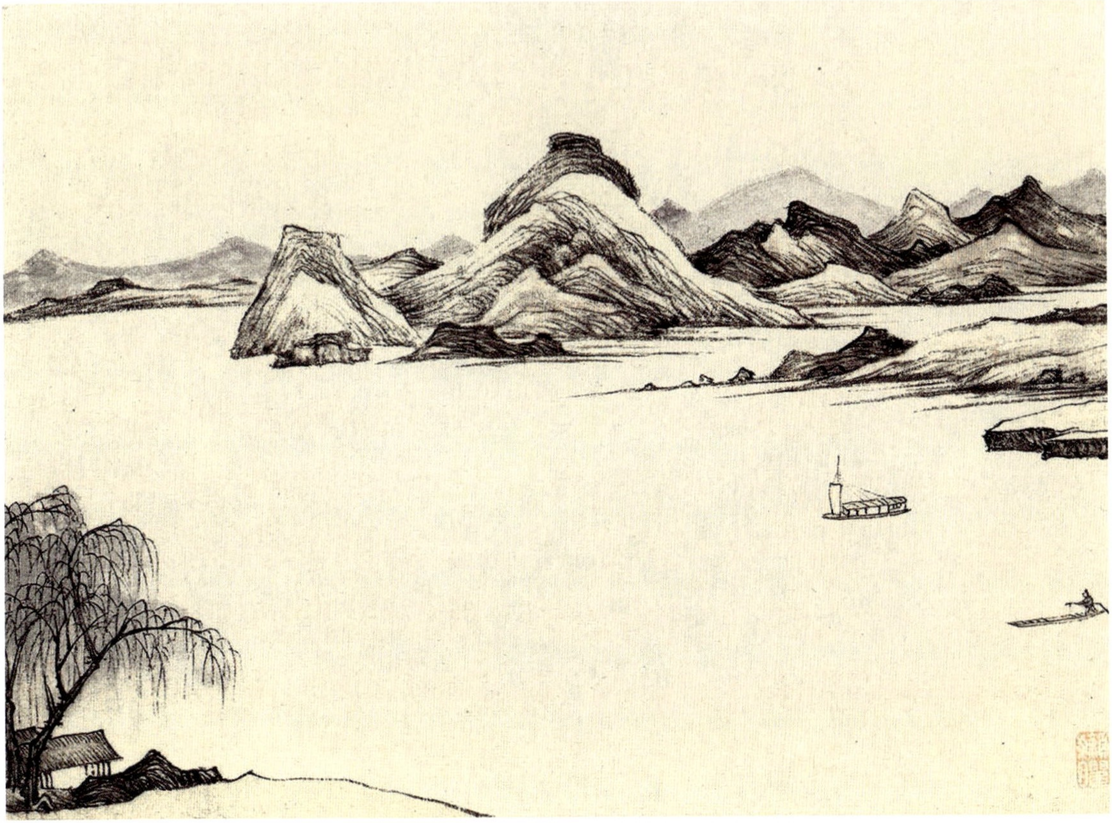

《山水图》［清］渐江

整幅画色彩明快，画面简洁。远山含蓄朦胧，近山厚重明朗。辽阔的江面上有三两船只，其中一老翁撑着木筏驶向对岸的人家，岸边杨柳依依，一派风和日丽的景象。

泊秦淮

[晚唐] 杜牧

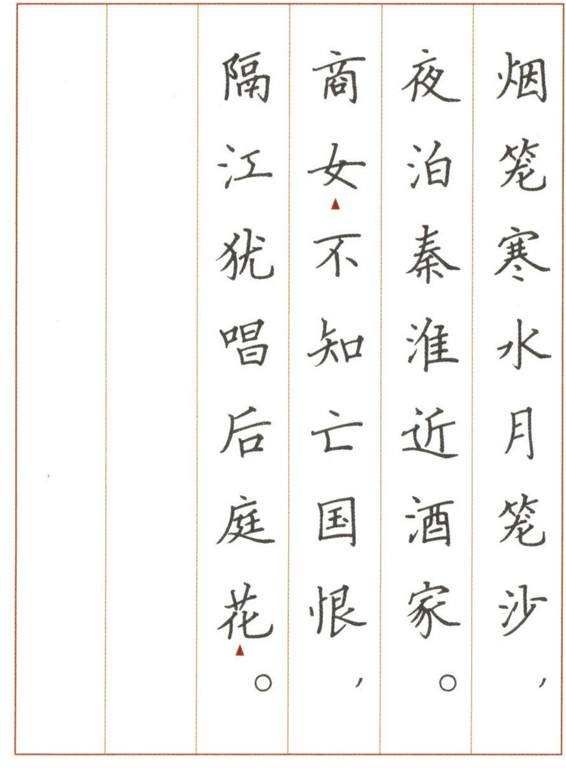

练字指导

常用偏旁之反犬旁。
写反犬旁时，
下撇不出头，
下撇起笔靠近弯钩中间偏上位置，
上撇起点较高。

▲秦淮：即秦淮河，长江中下游支流。

▲商女：歌女。

▲后庭花：曲名，《玉树后庭花》简称。

诗说

寒江上笼罩着烟雾，月亮的清辉洒在白色沙洲之上。夜晚诗人将小舟停泊在秦淮河畔，临近酒家的地方。金陵的歌女们不知道国家灭亡的伤痛，仍然在对岸唱着情歌《玉树后庭花》。

这是杜牧写的一首描绘江南夜晚江面岸边景色的诗，诗中流露的情感是对国家命运的担忧和对官员纸醉金迷的生活的批判。

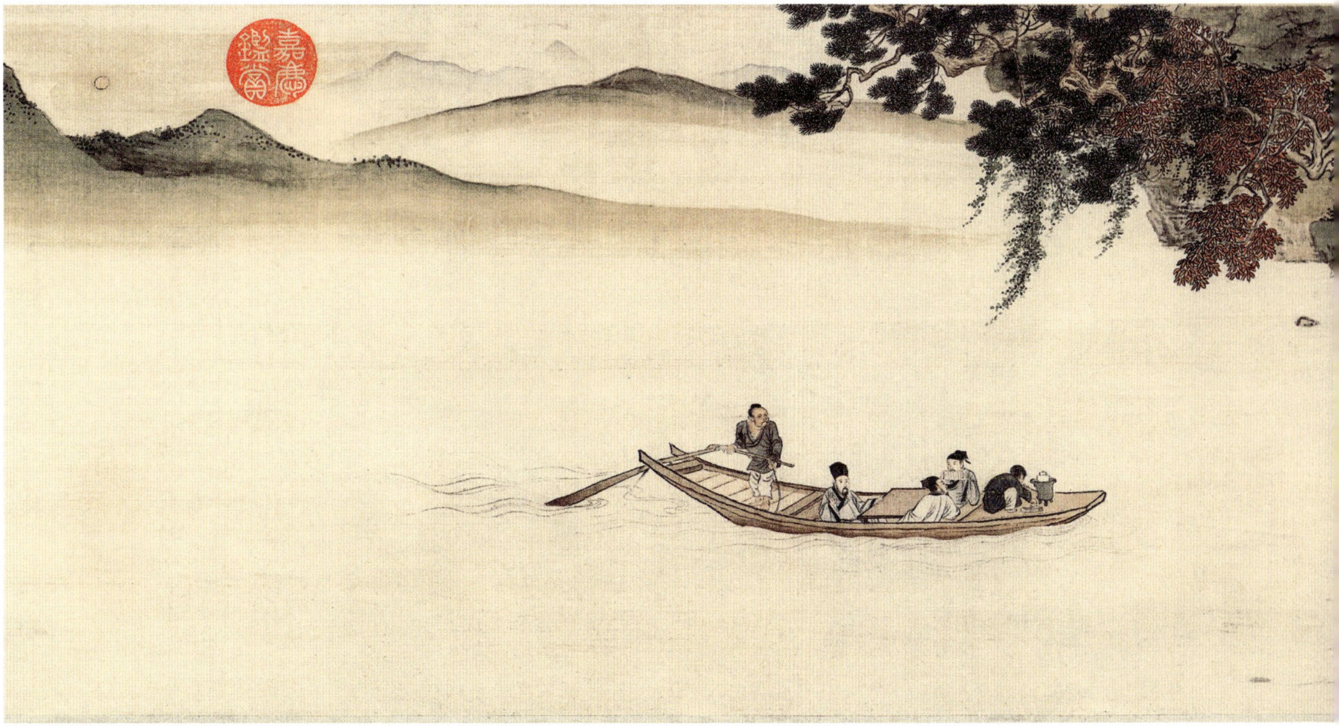

《赤壁图》［明］仇英

这是一幅清新雅致的《赤壁图》，画中白露横江、断岸千尺，东坡与朋友泛舟江上。此画以石青、石绿为主色调，布局爽朗、明媚，用笔工细绵密，技法纯熟稳健，具有笔致墨韵。

赤壁

〔晚唐〕杜牧

折戟沉沙铁未销，
自将磨洗认前朝。
东风不与周郎便，
铜雀春深锁二乔。

▲折戟（jǐ）：折断的戟；戟，古代的兵器。

▲周郎：指周瑜。　▲铜雀：指铜雀台。

▲二乔：东吴乔公的两个女儿。

诗说

被折断的铁戟沉没在泥沙中还没有被销蚀，将它拿来经过一番磨洗，发现这竟是前朝的遗物。如果当年赤壁之战的时候，没有吹起东风，不给周瑜以方便，恐怕结局会是曹操取胜，大小乔也会被关进铜雀台了。

《虎丘送客图》〔明〕沈周

练字指导

常用偏旁之心字底。
写心字底时，
卧钩曲折有致，
起笔跟左点起笔对齐，
整体略向右边靠。

画赏

图中远山嶙峋，云气缭绕，潺潺溪水边的高台上，有一隐士端坐抚琴，身后是两棵郁郁苍苍的松树，枝壮叶茂。整个画面布局疏朗有致，表现了文人闲逸舒适的生活状态。

登幽州台歌

［初唐］陈子昂

前不见古人，
后不见来者。
念天地之悠悠▲，
独怆然▲而涕▲下！

▲悠悠：形容时间的久远和空间的广大。 ▲怆（chuàng）然：悲伤凄恻的样子。 ▲涕：眼泪。

往前看，不见古代招贤纳士的帝王圣君；往后看，不见后世求才的明智君主。诗人长叹一口气，感慨只有那苍茫天地悠悠无限，止不住的悲伤情绪涌上心头，独自黯然流泪。

《西湖胜迹图·龙井》【明】宋懋晋

练字指导

左中右结构的字。
右宽左中窄，
左边三点呈弧形，
方字收紧，点画靠右边，
右边起笔较高，
弯钩位于整个字最低处。

画中远处青山挺拔，苍翠欲滴，近景中树木葱郁，画家与老友盘坐亭中，畅所欲言，俨然一副怡然自得的神情。整幅画风格秀润，笔墨浓淡相宜。

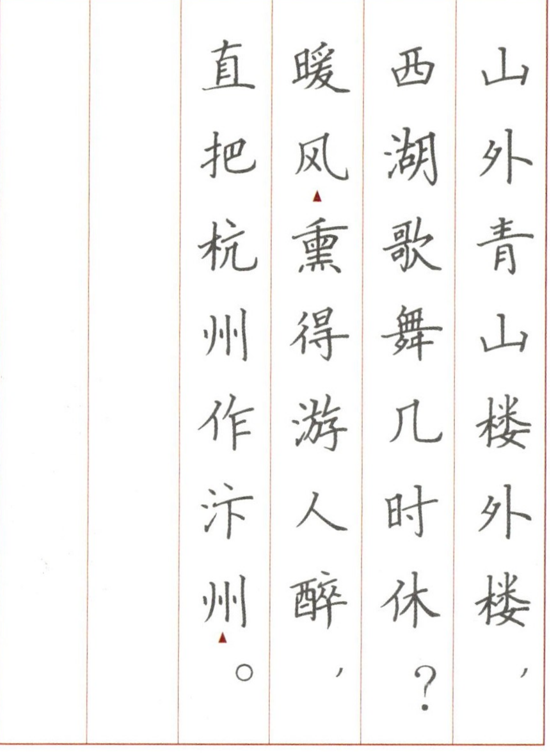

▲临安：现浙江杭州，金攻陷北宋首都汴京后，赵构逃亡到南方，建立南宋，以临安为都。

▲邸（dǐ）：旅店。

▲暖风：这里不仅指自然界和煦的春风，还暗指南宋朝廷的靡靡之风。

▲汴（biàn）州：一般指河南开封市，北宋的京城。

诗说

山的远处还有连绵不断的青山，楼阁也连绵望不见头，看那西湖上的歌舞，这样的情况什么时候才能停止啊？暖洋洋的风儿吹得游湖的人醉醺醺的，竟是把杭州当作了汴州。

杭州是个安稳的好地方，这不得不让诗人想起了自己的故乡。虽然这是一首写景的诗，但却表达了诗人对国家前途的担忧。

《秋冬山水图》［明］雪舟

练字指导

上下结构的字。
上矮下高，上窄下宽，
上部竖与横的中部相交，
竖画稍向左倾斜，
下部横折钩左低右高，
点与撇分居竖中线两侧。

图中描绘了画家独自行走在寒雪山林间所看到的风景，画中几条浓重的墨线自然分割出不同的层次空间。山间狭窄的山麓上，有巨岩突兀而出，在山石的转弯处露出远方的雪山，散发着洁白、明亮的光。

秋夜将晓出篱门迎凉有感 其二

【南宋】陆游

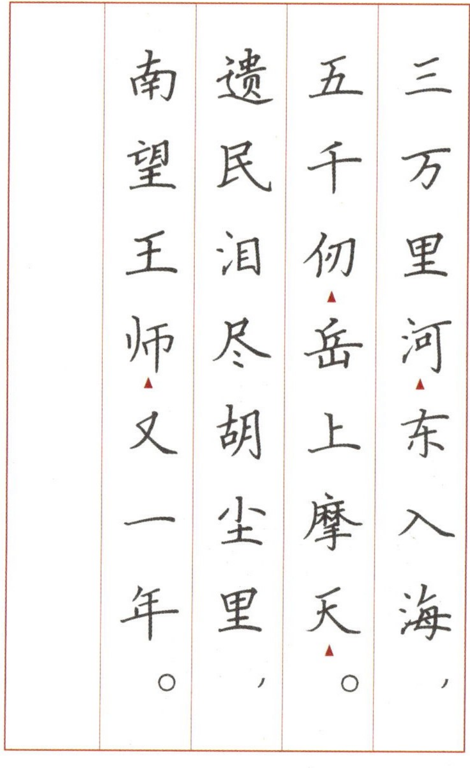

▲三万里河：形容黄河之长；河，黄河。

▲仞（rèn）：古代计量长度的单位，八尺为一仞。　▲摩天：碰到天。　▲王师：指宋朝的军队。

诗说

三万里长的黄河奔腾向东流入大海，五千仞高的华山高耸插入云天。中原的人们被胡人侵犯，眼泪已经流尽。他们盼望王师北伐能解救他们，盼了一年又一年。

诗人在这首诗中表现了自己对民间疾苦的关切，渴望能有强劲的军队收复中原，让百姓过上安定的生活。

《棣楼吹笛图》 齐白石

画赏

这是一幅纸本设色图，画家笔墨浑厚滋润。山的色彩浓厚明快，简洁生动。在江畔的繁花掩映处有一楼阁，两人席地而坐，一人双手交错、捏住笛身；一人静心聆听笛声。整幅画给人幽远辽阔之境。

相见欢·无言独上西楼

［五代］李煜

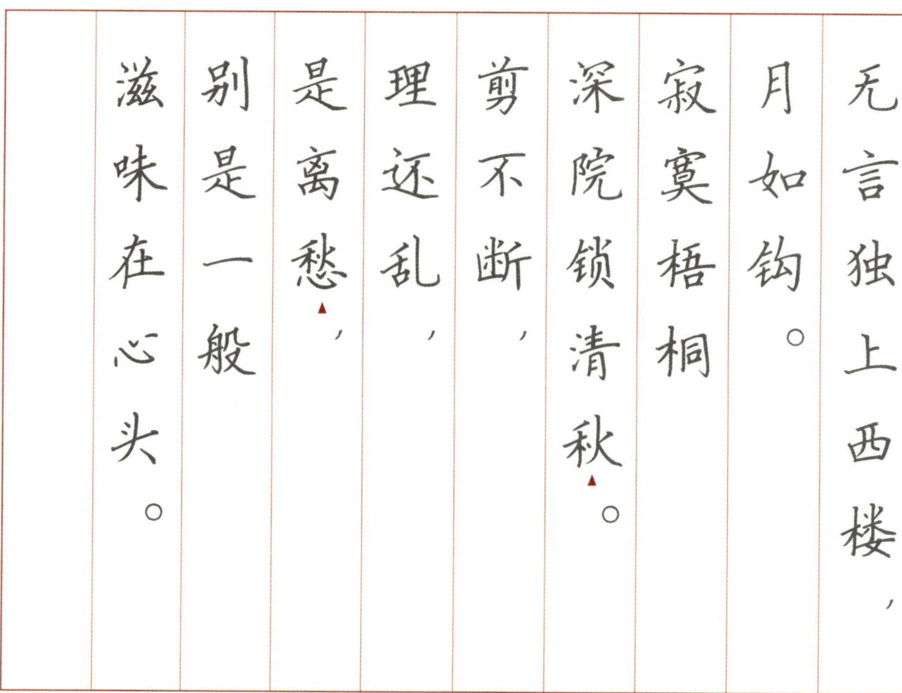

▲相见欢：词牌名。 ▲锁清秋：深深被秋色所笼罩。 ▲离愁：亡国之愁。

诗说

默默无言独自一人登上西楼，抬头看天，只有一弯如钩的冷月挂在天空中。梧桐树寂寞地立在院中，幽深的庭院被笼罩在冷清凄凉的秋色里。那剪也剪不断、理也理不清的是亡国的愁苦啊！忧愁缠绕在心头，却又是另一种难以言说的痛苦。

李煜作为南唐后主，经历了亡国之痛。他的这首诗，就是将自己的哀愁写进了每一个字里行间。

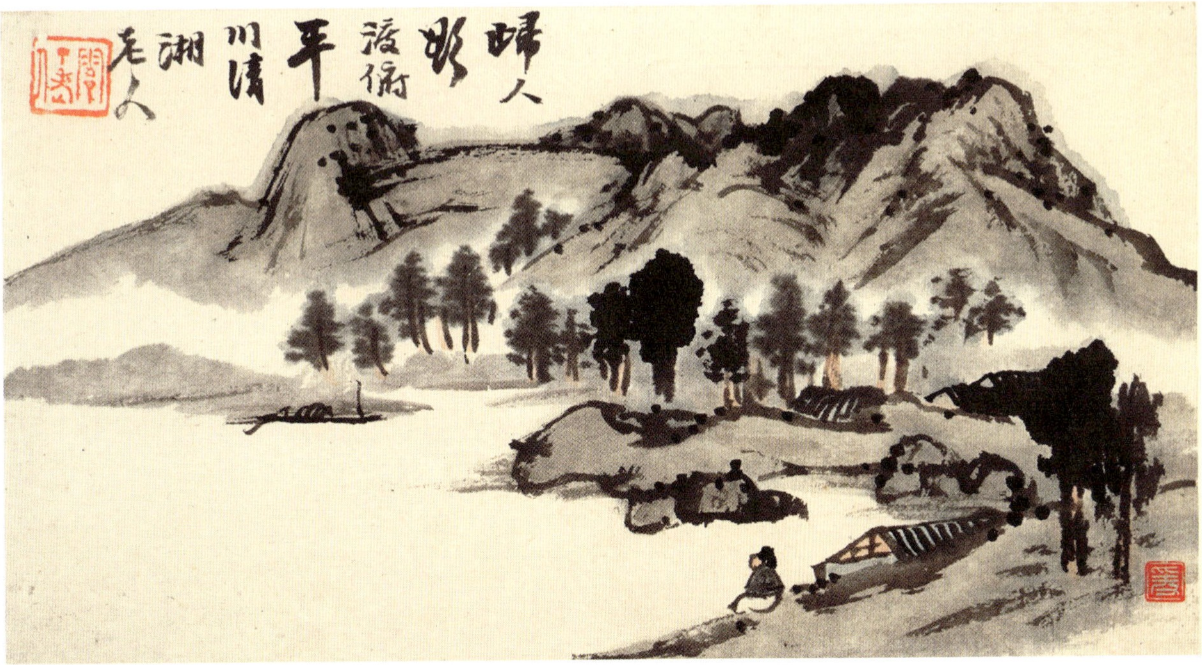

《山水图》 ［清］石涛

画家下笔肆意，用墨浓淡相宜，随意几笔就渲染出一幅山林河边的美景。画中的人儿坐在河边的山坡上，静静地看着远处的青山、绿树、小船，思绪也逐渐飘向远方。

示儿

［南宋］陆游

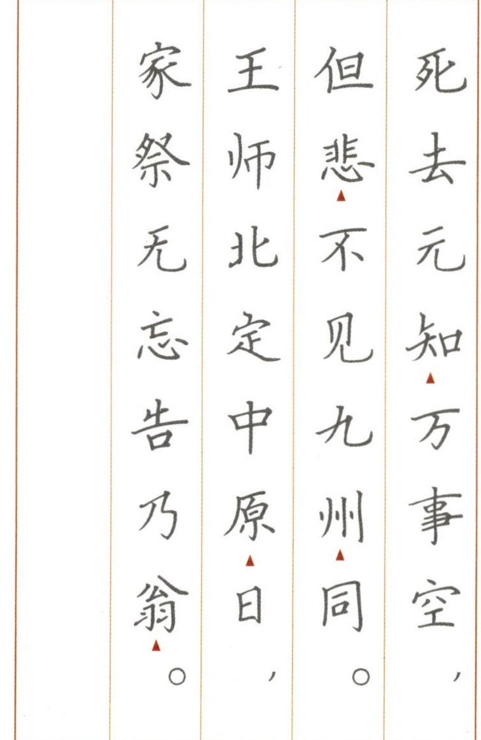

练字指导

独体字。
居中对称，
竖钩竖画垂直，钩往上出锋，
横画较多，间距大致相等，
第一笔横画较长，
口写扁且宽。

▲元知：本来就知道；元，通“原”。　▲但悲：只是伤心。

▲九州：这里代指宋代的中国，古代中国分为九州，所以常用九州代指中国。

▲中原：指淮河以北沦陷在金人手里的地区。　▲乃翁：你的父亲。

诗说

临死之前，诗人才知道，人间万物都和他无关了，唯一让他痛心的是没能亲眼看到国家统一。所以诗人嘱咐他的儿子，当大宋军队收复中原那一天到来的时候，一定要在家里面举行祭祀，把这个大好的消息告诉他。

这首诗是陆游写给儿子的，所以诗名叫《示儿》。

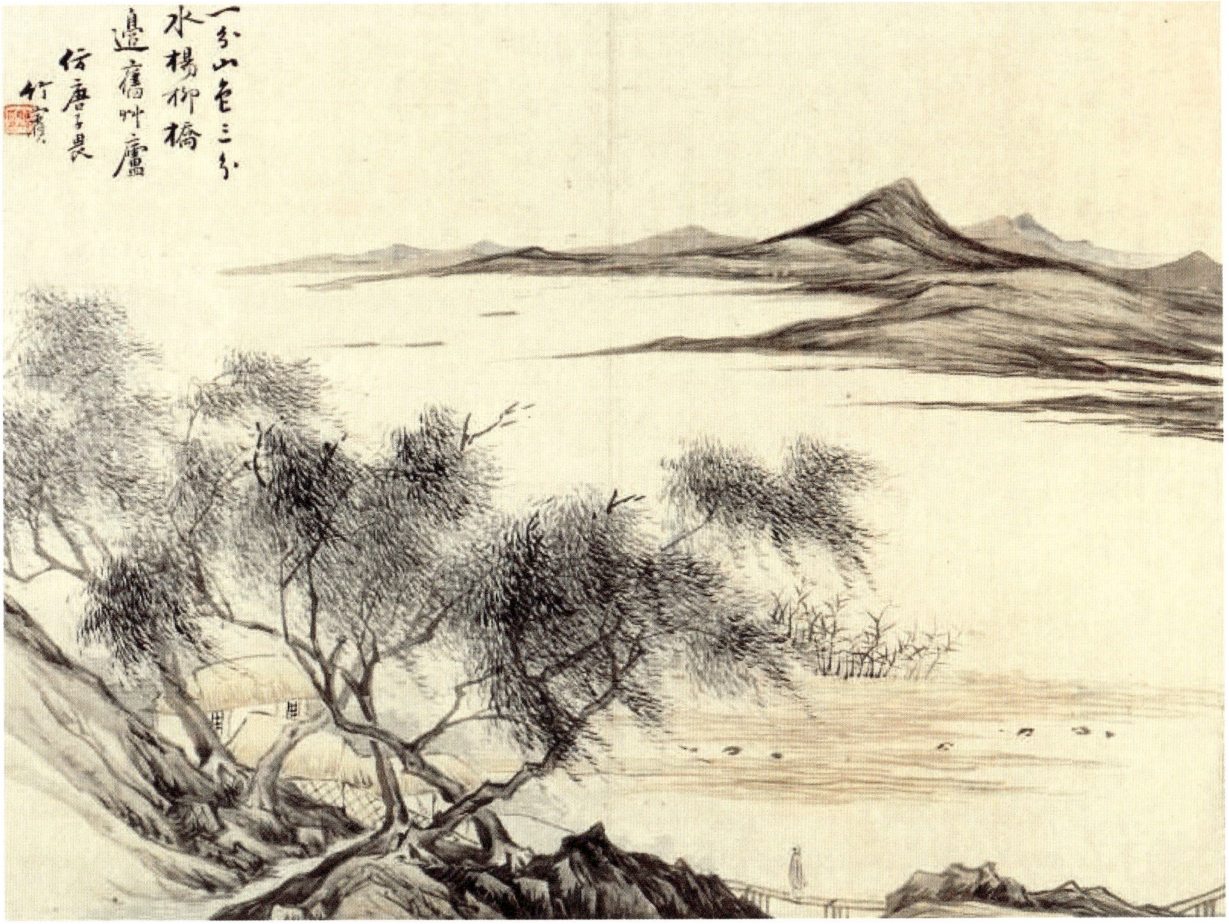

《仿古山水图》 ［清］沈焯

这是一幅色彩淡雅的写意山水图，画家用厚重的笔法描绘出远处连绵的群山，而对于近处的柳树、茅屋、小桥，却下笔轻柔。一分山，三分水，整个画面充满了悠远的意境。

己亥杂诗

其二百二十

〔清〕龚自珍

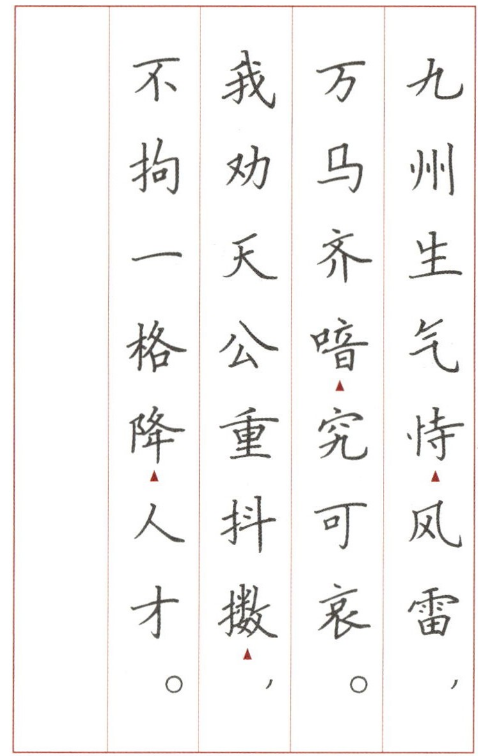

练字指导

常用偏旁之八字头。
写八字头时，
撇短捺长，
撇低捺高，
撇捺不相连。

▲己亥：道光十九年。 ▲恃：依靠。 ▲喑（yīn）：沉默，不说话。 ▲抖擞：振作精神。 ▲降：赐给，给予。

诗人认为，只有风雷一般的巨大力量才能让九州大地发出勃勃生机。然而，社会的时局没有丝毫生气，一片黯淡，真是一种悲哀。诗人希望上天能重新振奋精神，不要拘泥一定的规则，这样才能降下更多的人才。

这首诗表达了诗人对国家重振雄风，重新恢复民生的一种渴望之情。

《阿房宫图》［清］袁江

练字指导

上下结构的字。
上下同高，上下同宽，
下部起笔撇不要长，
下部左侧两撇可以写散开增加字宽。

▲山坡羊·潼关怀古：元代散曲；山坡羊，曲牌名。

▲山河：山，华山；河，黄河。

▲西都：指长安。

▲宫阙：泛指宫殿。

▲兴：指朝代兴起。

▲亡：指朝代衰亡。

这幅画描绘了阿房宫的胜景，山峦重重。群山中隐约可见楼阁，四周溪水环绕，龙舟游荡，山石树木略施淡彩。整个阿房宫在山水掩映间，气势宏大，令人震撼。

山坡羊·潼关怀古

［元］张养浩

峰峦如聚，
波涛如怒，
山河表里潼关路。
望西都，
意踌躇。
伤心秦汉经行处，
宫阙万间都做了土。
兴，百姓苦；
亡，百姓苦。

诗说

山峰从四面八方会聚，波涛像发怒一般汹涌澎湃。潼关一带地势险要，遥望古都，陷入了无尽的沉思中。诗人从秦汉宫遗址经过时，感到了无限的悲伤，万间宫殿都变成了尘土。一朝兴盛，百姓受苦；一朝灭亡，也是百姓受苦啊。

诗人写这首曲的时候正值中原地域发生旱灾，他被任命去中原赈灾时，看到民不聊生的境况，有感而发，写下了这首《山坡羊》。

《长江万里图》局部 〔宋〕赵黻（fú）

这幅画取自《长江万里图》的中段，画面近处描绘了山石峻岭、蜿蜒小道，依崖而立的凉亭。远处江面辽阔、波涛汹涌，小船乘风破浪。整幅画将惊心动魄的壮丽场面发挥到极致。

南乡子·登京口北固亭有怀

［南宋］辛弃疾

何处望神州？
满眼风光北固楼。
千古兴亡多少事？
悠悠。
不尽长江滚滚流。
年少万兜鍪，
坐断东南战未休。
天下英雄谁敌手？
曹刘。
生子当如孙仲谋。

▲南乡子：词牌名。 ▲神州：中原大地。 ▲兜鍪（dōu móu）：指千军万马，原指古代作战盔。
▲坐断：占据。 ▲敌手：能力相当的对手。 ▲曹刘：曹操和刘备。

什么地方可以看到中原？诗人告诉我们，在北固楼上，满眼都是美好的风光。从古至今究竟有多少国家兴亡的事情？诗人说，他也不知道，往事就像滚滚长江，绵绵不绝。

当年孙权在青年时代做了三军统帅，占据东南，坚持抗战，从未向敌人低过头。天底下的战士，谁是他的对手呢？只有曹操和刘备而已。这样也就难怪曹操说：“要是能有个孙权那样的儿子就好了。”

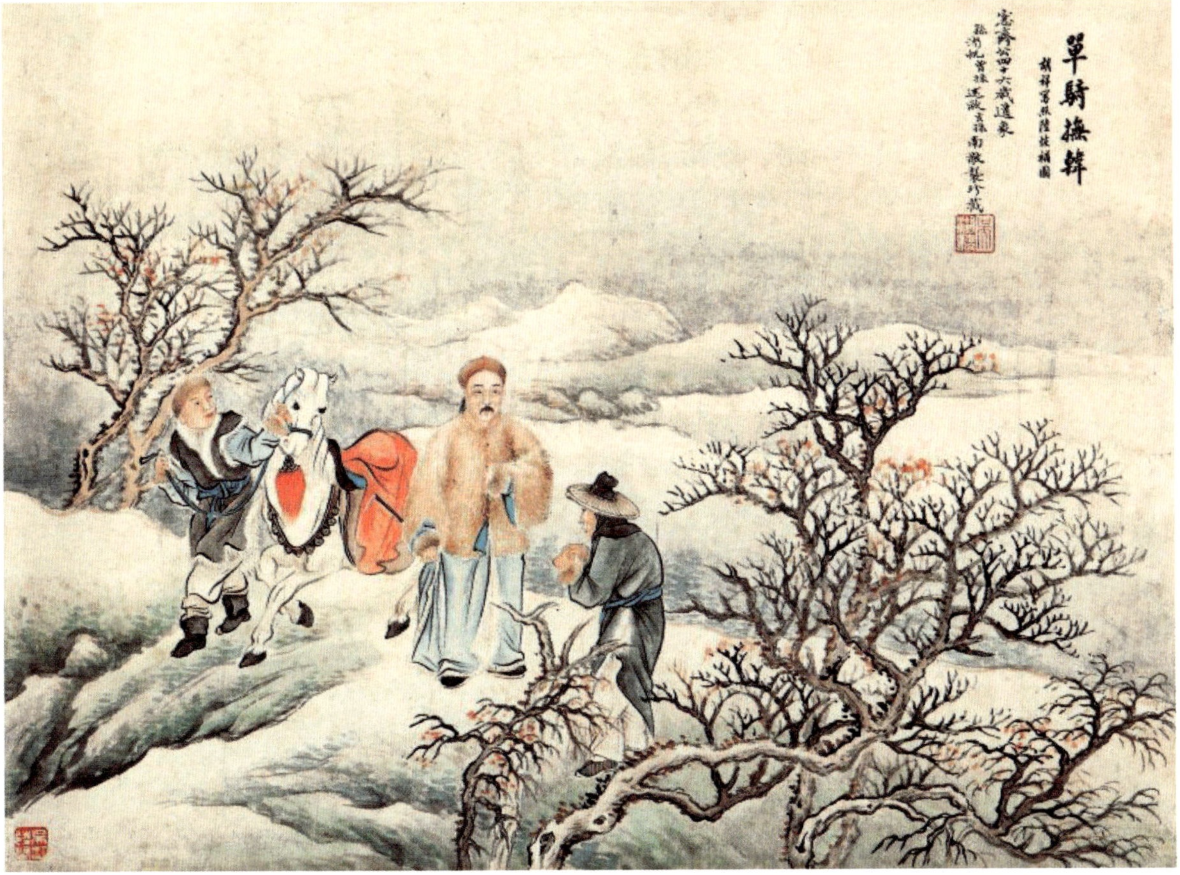

《单骑抚韩图》 ［清］陆恢

天色将要灰暗，山间树木丛生。主人公吴大澂身着毛皮大衣，身边的侍从手签骏马。全画设色轻柔，以细笔描画，明暗层叠，生动刻画出吴大澂单骑抚韩的过人胆识。

别云间

[明] 夏完淳

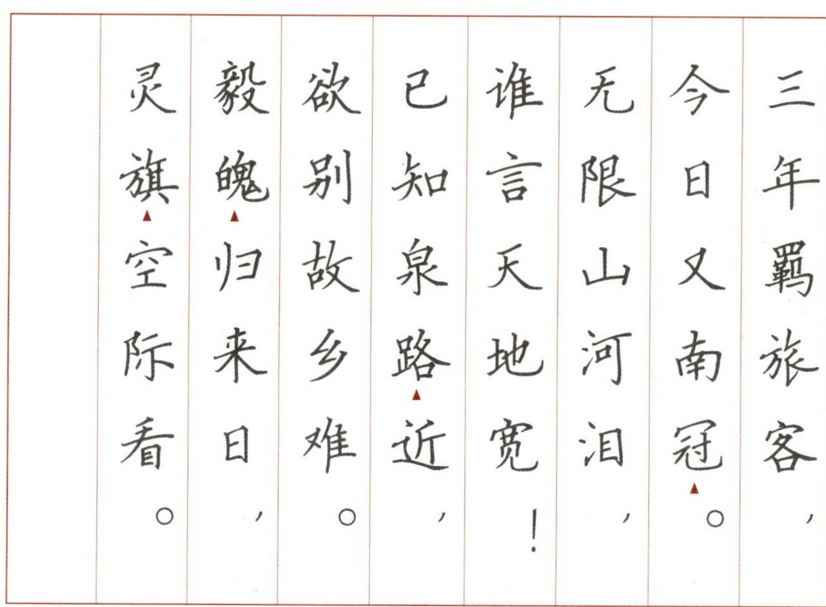

▲南冠：俘虏的代称。

▲泉路：地下，指阴间。

▲毅魄：英魂。▲灵旗：战旗。

诗说

三年间，诗人为了对抗清兵到处飘荡，今天兵败被俘虏进入了牢房。美好的河山沦陷了，谁还敢说天地宽广啊！已经知道就快要走上黄泉之路，可却没法与故乡永别。等到英魂归来的那一天，一定要在空中看后继者队伍抵抗清军。

这是诗人在家乡被捕后写下的诗，不仅表达了对家乡亲人的思念，更抒发了山河沦丧后的悲壮之情。

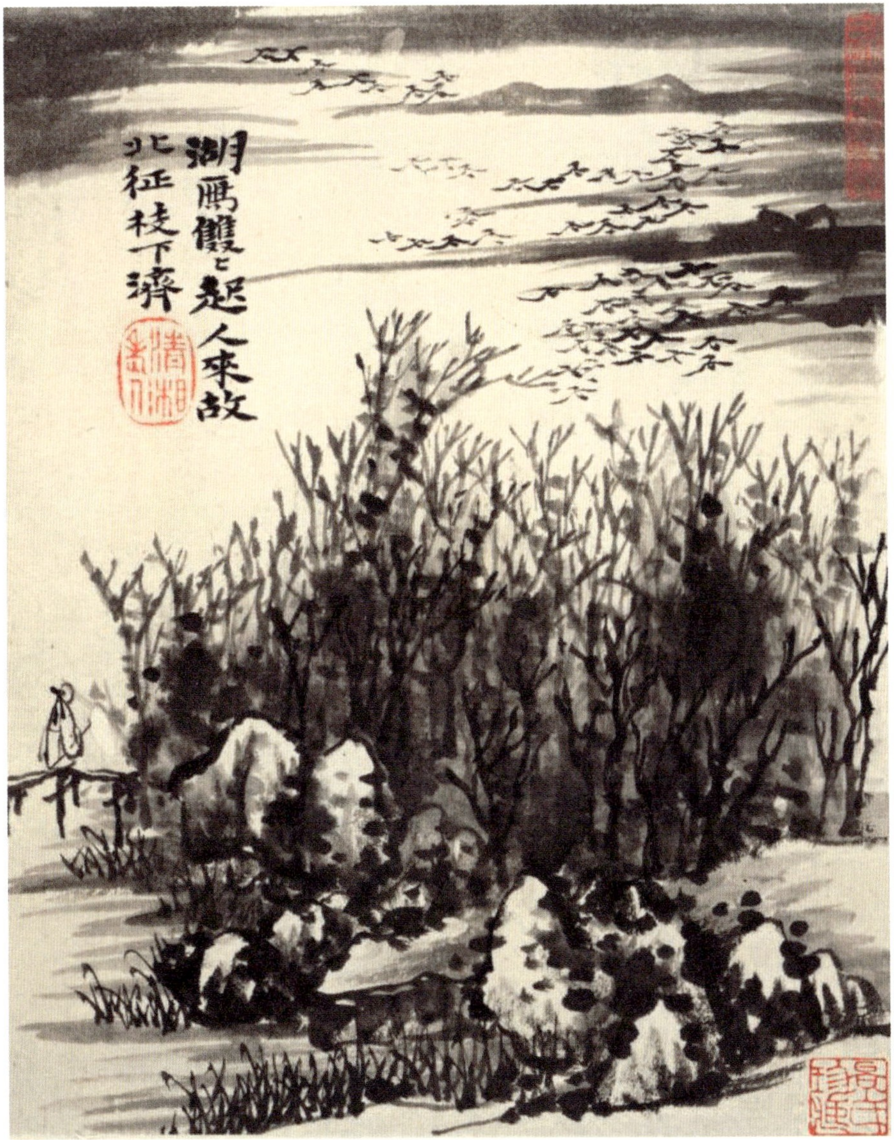

《野色》［清］石涛

这幅画空间感很强，远处的飞鸟、江滩，中间茂密的树林、小桥、行人，近处的奇石、杂草都层次分明。画家用墨偏浓，酣畅淋漓，表现出山水的氤氲气象和深厚之态。

石灰吟▲

〔明〕于谦

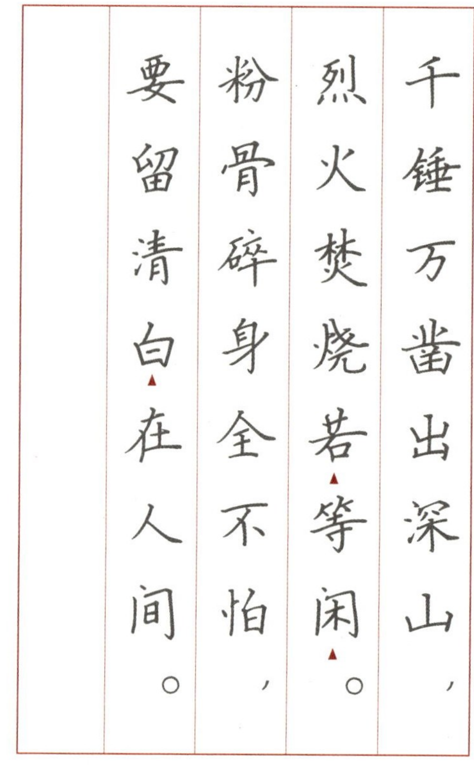
千锤万凿出深山，
烈火焚烧若▲等闲▲。
粉骨碎身全不怕，
要留清白▲在人间。

练字指导

半包围结构的字。
上三包，上窄下宽，
三竖近似平行等距，
不要倾斜，
左竖略长于右竖，钩画最低。

▲吟：一种古代诗歌体裁。

▲若：好像。

▲等闲：平常，随便。

▲清白：双关语，既指石灰之白，也指高尚纯洁的节操。

诗说

它经过千锤万凿才能从深山中开采出来，它把熊熊烈火的燃烧当作非常正常的事情。即便是粉身碎骨它也并不惧怕，只要把一生的清白留在人间，什么都是值得的。

在这首诗中，石灰成了诗人笔下赞咏的对象。

《八达游春图》［五代］赵喦

练字指导

左右结构的字。
左右等宽，左矮右高，
左边口较小，竖画向内倾斜，
右边点画靠右，主笔竖为悬针竖。

此画描绘了八人骑马欢呼游玩的景象。楼阁假山，旁边树木葱郁，假山背后依稀可见一棵芭蕉。在画作中人物刻画得栩栩如生，笔墨精到。

登科后

［中唐］孟郊

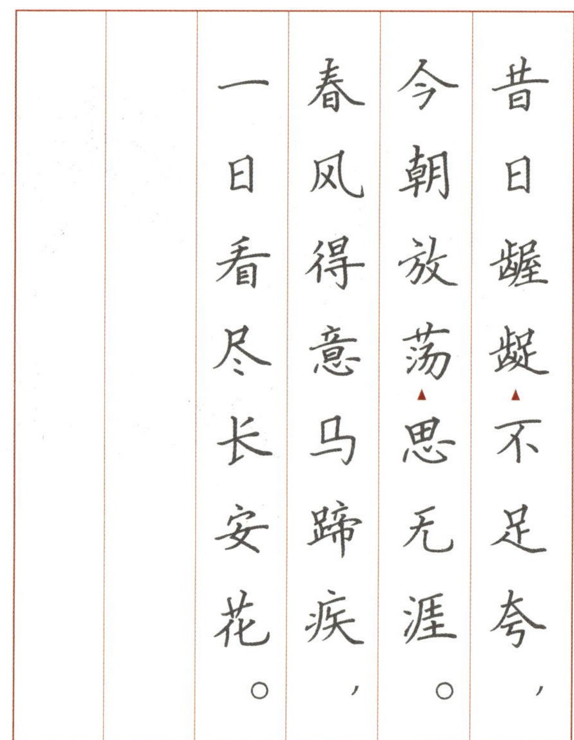

▲龌龊：指处境不如意和思想上的拘谨。

▲放荡：自由自在，无拘无束。

从前生活上的困难和思想上的不安都已经不值一提了，今天金榜题名，往日的郁闷心情已烟消云散。诗人在春光灿烂的长安街道上策马奔腾，只一天的时间，就已经看遍了长安城里的所有繁花。

这首诗是孟郊高中进士后所写，从他的言语中，可以看出当时的他是何等的“春风得意”。

《空山秋雨》［明］溥心畬

练字指导

半包围结构的字。
左上包右下，
上部要写的略扁，
撇画舒展，
下部第一横较短，
第二横较长，长于尸字头右部。

两位雅士席地而坐，一人手持卷书，一人昂首凝视，身后泻下一道清泉，画作正前方古松参天，苍翠挺拔。整幅画使用淡雅的笔墨将古松、云雾、流水等融合在一起，给人一种优雅恬静的意境。

丑奴儿·书博山道中壁

［南宋］辛弃疾

少年不识愁滋味，
爱上层楼。
爱上层楼，
为赋新词强说愁。
而今识尽愁滋味，
欲说还休。
欲说还休，
却道“天凉好个秋”！

▲丑奴儿：词牌名。

▲博山：在今江西广丰西南。

▲层楼：高楼。

▲强（qiǎng）：竭力，尽力。

年少的时候不知道忧愁是什么滋味，总是喜欢登高远眺。喜欢登高望远只是为了写一首新词，没有忧愁硬要说有愁。而现在当诗人尝尽了忧愁的滋味，想说却说不出口了。想说却说不出口啊，只能说“好一个凉凉的秋天呀”。

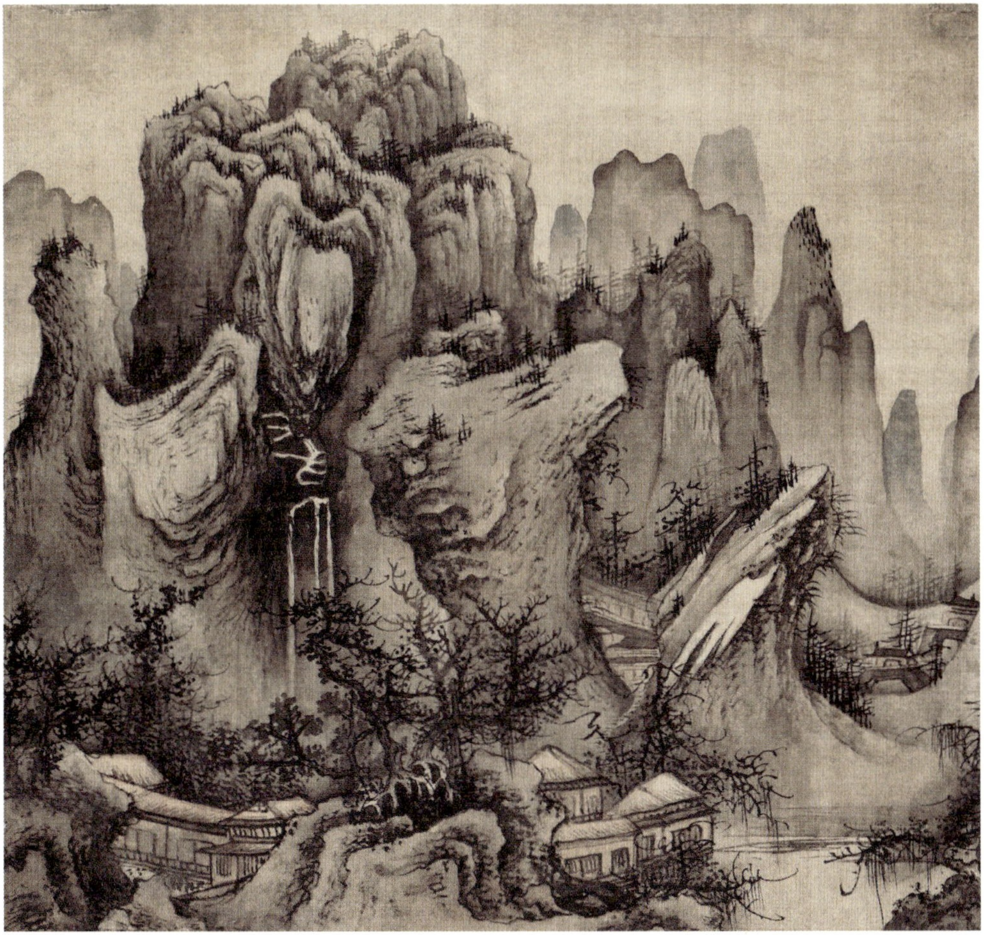

《寒山飞瀑图》［明］杨世贤

群山巍峨耸立，树木葱郁，山石树木之间环抱着几座屋宇，屋后瀑布从半山腰间飞流直下。这幅画使用墨绿设色，将瀑布与高山相融合，使整幅画透着冬日淡淡的寒意。

咏怀古迹 其三

[盛唐] 杜甫

群山万壑赴荆门，
生长明妃尚有村。
一去紫台连朔漠，
独留青冢向黄昏。
画图省识春风面，
环佩空归夜月魂。
千载琵琶作胡语，
分明怨恨曲中论。

▲荆门：山名，在今湖北宜都西北。 ▲明妃：指王昭君。 ▲村：指昭君村，在今湖北兴山。
▲紫台：汉宫。 ▲朔漠：北方的沙漠。 ▲青冢：指昭君墓。 ▲省：曾经。

成千上万的山峦山谷好像奔腾的波涛，向荆门奔去，王昭君生长的村庄依然还留存。她离开汉宫踏入遥远的荒漠，荒郊野岭中只留下一座孤坟对着黄昏。君王怎能单凭着图画来识别昭君的花容月貌？昭君的魂魄带着玉佩，踏着月色回到汉宫。千年来，琵琶弹奏的都是胡地的音乐，但曲子中却能感受到昭君的怨恨。

王昭君为了稳定大汉的政局，而出塞嫁给了匈奴单于。诗人用这首诗表达了对昭君的赞美，更表达了自己的爱国之情。

《山水图》〔清〕樊圻

远山重叠，云雾缭绕，江面烟波浩渺，一叶孤舟从远处慢慢驶来，岸边。近处城墙高耸，城墙后是连片的民居，城外还停靠着数艘小船。想象一下，站在城墙上眺望辽阔的江水，内心应该会豁然开朗。

夏日绝句

［南宋］李清照

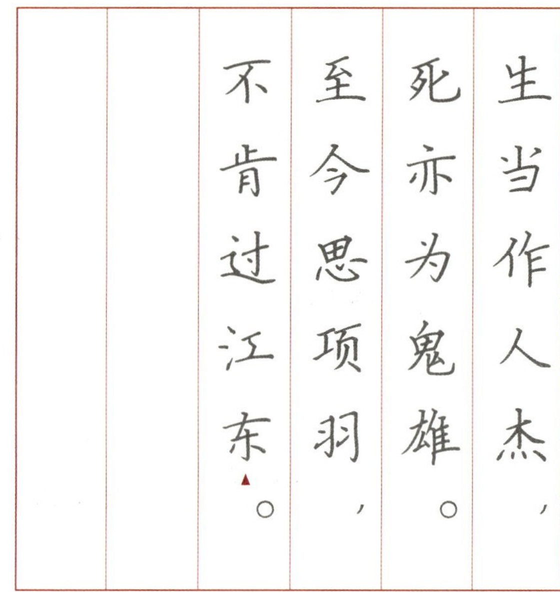

练字指导

左中右结构的字。
左宽中右窄，
左部撇不宜写过长，
中间竖在撇尖的位置，
右部多横平行且等距。

▲江东：吴地，指江南一带。

活着的时候，应当做人中的豪杰，死了以后，也要做鬼中的英雄。到现在，人们还在怀念英雄项羽，因为他不肯因为战败而退回江东，苟且偷生。

李清照的诗词，一般总给人哀婉的感觉，可这首诗，却打破了她给读者的固有印象，端正凝重，直抒胸臆。

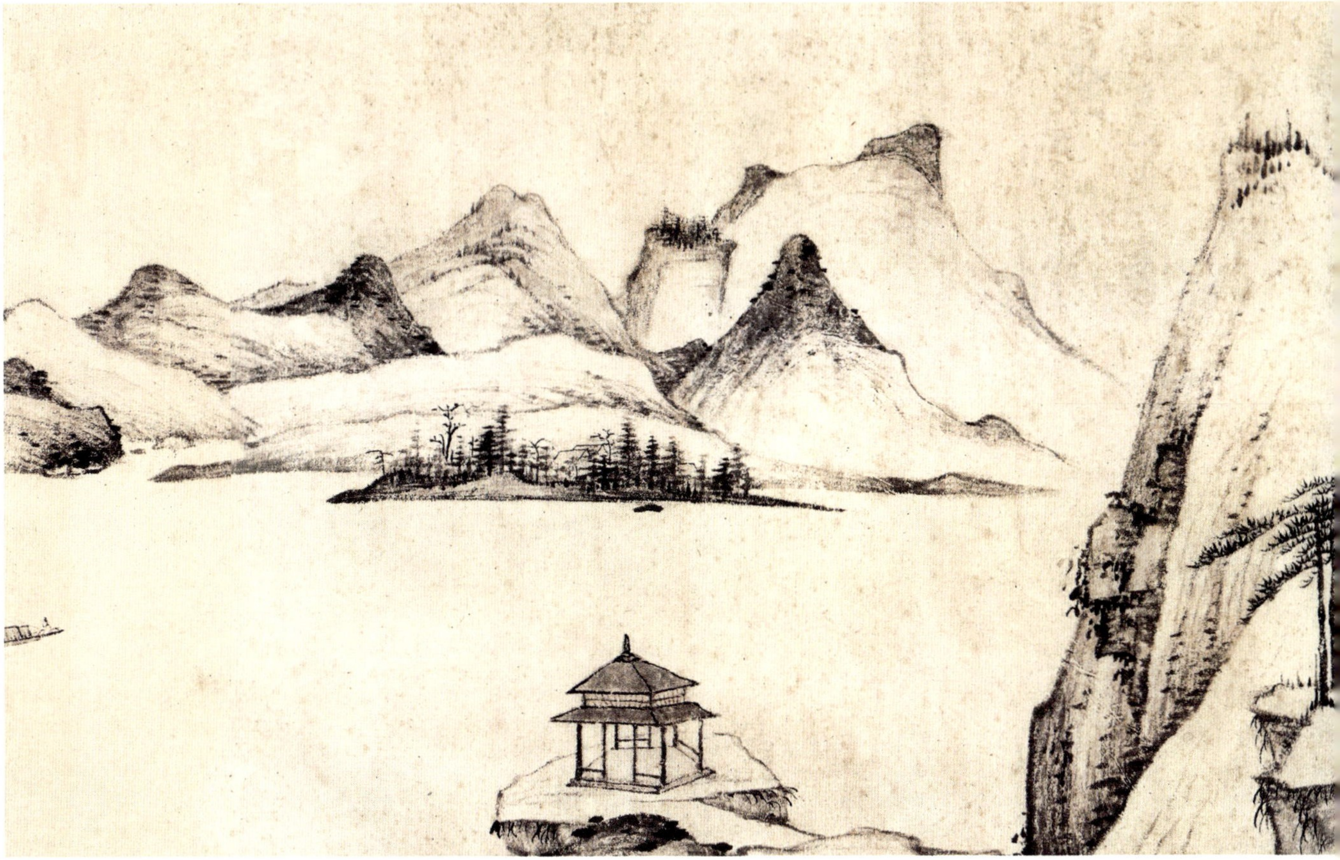

《晓江风便图》 ［清］弘仁

画赏

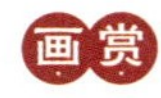

这幅画描绘了一幅壮阔的山峦江景图。江上几叶轻舟挂帆起航，江边的山上林木早已萧瑟，整幅画笔墨线条简淡，意境荒僻，不染尘垢。

大风歌

［西汉］刘邦

诗说

大风使劲地吹，云也飞扬了起来，诗人此时已经统一了天下现在衣锦还乡。怎样才能得到勇士啊，为国家镇守四方。

《大风歌》是汉朝皇帝刘邦所作。这首诗只有三句，前二句雄豪自放，显得踌躇满志，第三句笔锋一转，写出了诗人对国家尚不安定的惆怅。

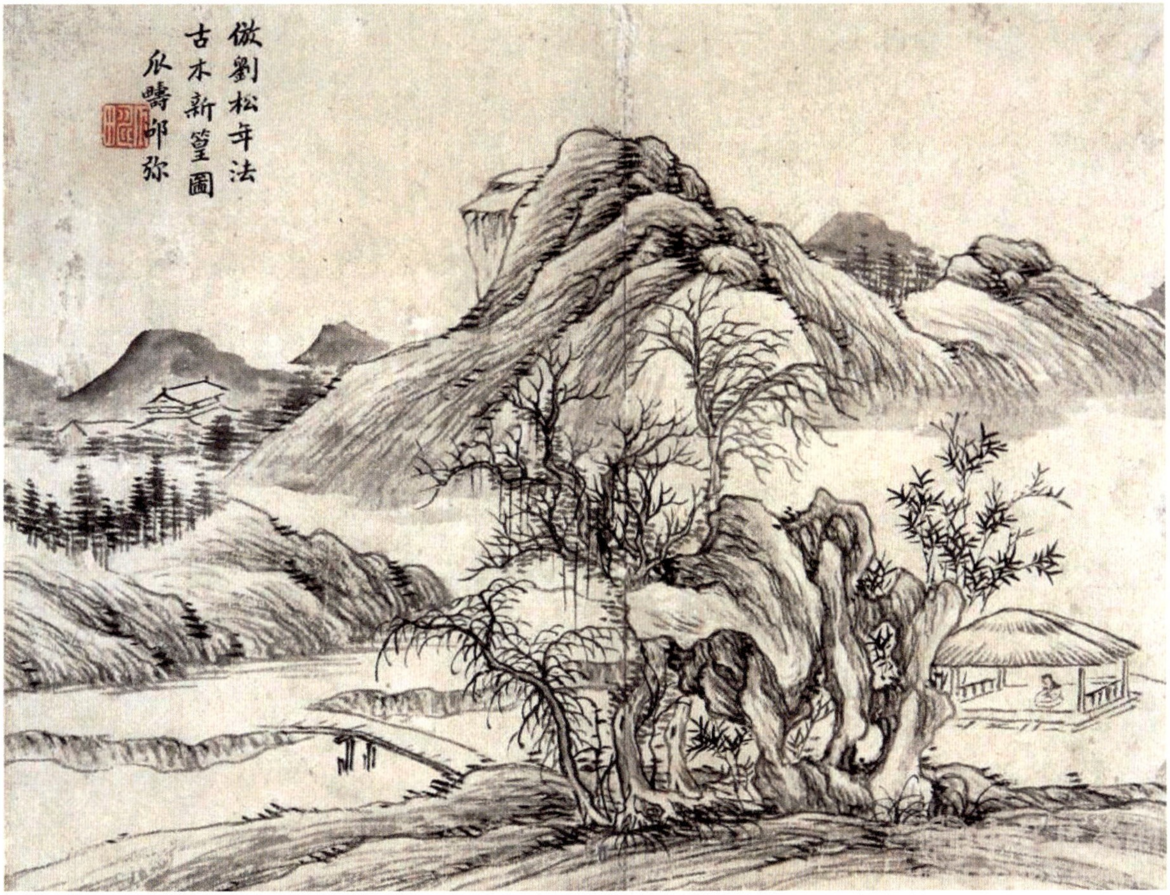

《贻鹤寄书图》〔明〕邵弥

深秋时节，青山也不再苍翠，只有少许的松柏已经郁郁葱葱。河边的树木上只剩下孤零零的枝干在风中萧瑟，树叶早已凋零，化作泥土去呵护明年的春花了。

己亥杂诗 其五

【清】龚自珍

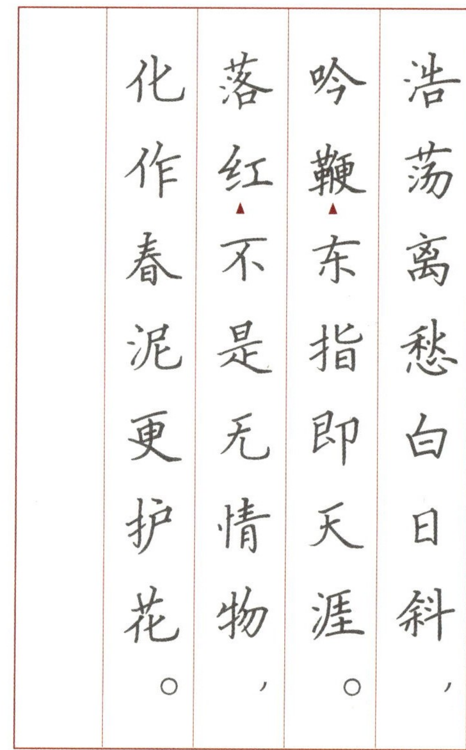

练字指导

左中右结构的字。
左右宽中间窄，
左中右比较紧凑，
左部横上扬，口要写扁，
右部竖撇不要低于中间竖画，
反捺要舒展。

▲吟鞭：诗人的马鞭。

▲落红：落花，后两句言外之意，自己辞官，心系国家。

浩浩荡荡的离愁随着西斜的落日不断延展，诗人将马鞭挥起指向东方，那里是何方？是天涯吧。落寞的情绪让诗人觉得自己就像从枝头落下的花儿。飘零的残花还有什么用呢？离开枝头的残花并不是无情物，它能化作春天的泥土，培护树上还没有探出头的花儿。

《马鞍山色图》【明】董其昌

昏

练字指导

上下结构的字。
上高下矮，上宽下窄，
起笔撇为平撇，不要写得过长，
主笔斜钩要写舒展，
下部中间横左连右断。

时值金秋，远山重叠，山下林木掩映着人家，小桥流水边，树木已经披上了金黄的外衣。整幅画笔墨浓淡相宜，色彩亮丽，苍茫中给人一种明快之感。

乐游原

【晚唐】李商隐

▲向晚：将近傍晚。 ▲不适：不悦，不快。

▲古原：指乐游原，在长安城南边，地势较高，是唐代游览胜地。

傍晚的时候，诗人心情不是很好，驾着车登上了乐游原。看到了夕阳美景，的确十分美好，但转念一想，再美的夕阳，也是留不住的，再过一会，就要到黄昏了吧。

这首诗中的末句，是传唱的佳句。李商隐用这首诗，抒发了自己无法施展抱负的心情。

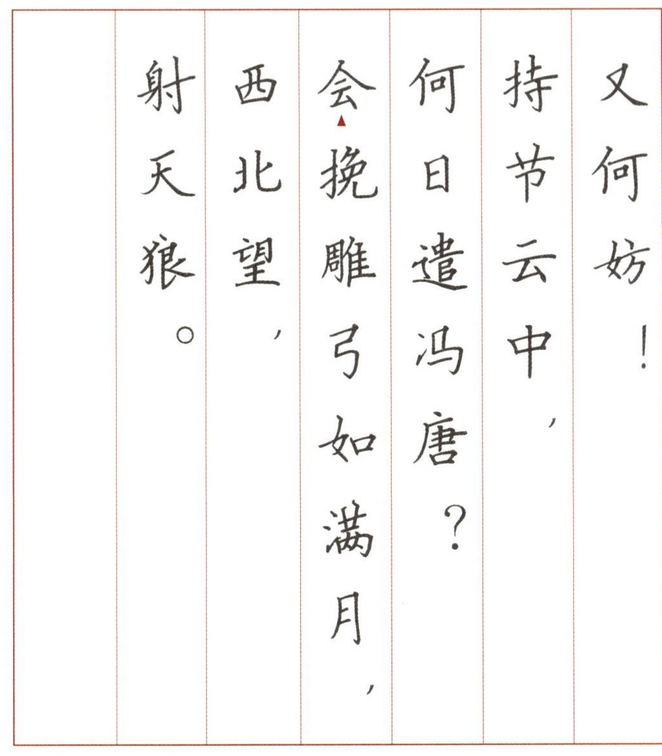

▲江城子：词牌名。

▲聊：姑且，暂且。

▲黄：黄犬。

▲苍：指苍鹰。

▲倾城：全城的百姓。

▲孙郎：指孙权。

▲尚：还。

▲鬓微霜：鬓角稍白。

▲会：终将。

诗人痛饮美酒，心胸开阔，胆气更为豪壮，虽然两鬓微微发白，但是这又有何妨？什么时候皇帝才会像汉文帝信任冯唐一样信任诗人呢？他将使尽力气拉得雕弓就像满月一样，朝着西北瞄望，射向西夏军队。

这首诗充分体现了苏轼豪迈的诗作风格。

江城子·密州出猎

［北宋］苏轼

老夫聊发少年狂，左牵黄，右擎苍，锦帽貂裘，千骑卷平冈。为报倾城随太守，亲射虎，看孙郎。

酒酣胸胆尚开张，鬓微霜，

诗人虽然已经年迈，但仍然想抒发一下少年时的豪情壮志。他左手牵着黄犬，右手持着苍鹰。身穿貂皮的衣服，头戴华贵的帽子。领导千骑的随从如疾风般横扫平冈。诗人为了报答追随他的人，发誓要像孙权一样射杀猛虎。

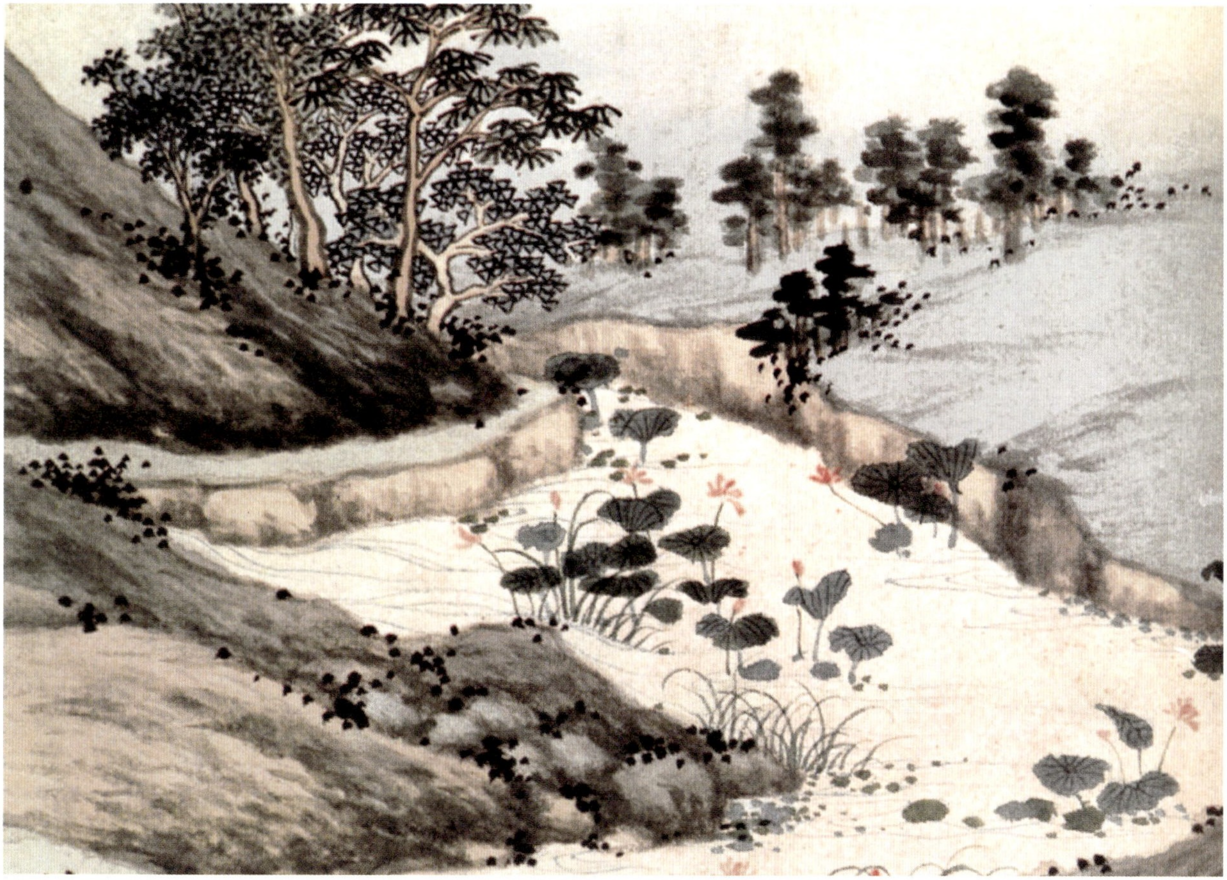

《两江名胜图》 ［明］沈周

《东庄图册》描绘的是沈周老师——吴宽家的庭园景色。这幅画描绘的是一亩荷塘，波光如镜，荷叶亭亭玉立，疏密有致，摇曳多姿，岸上树木点写自然，情态各具；坡岸皴染结合，浓重得宜。

过零丁洋

［南宋］文天祥

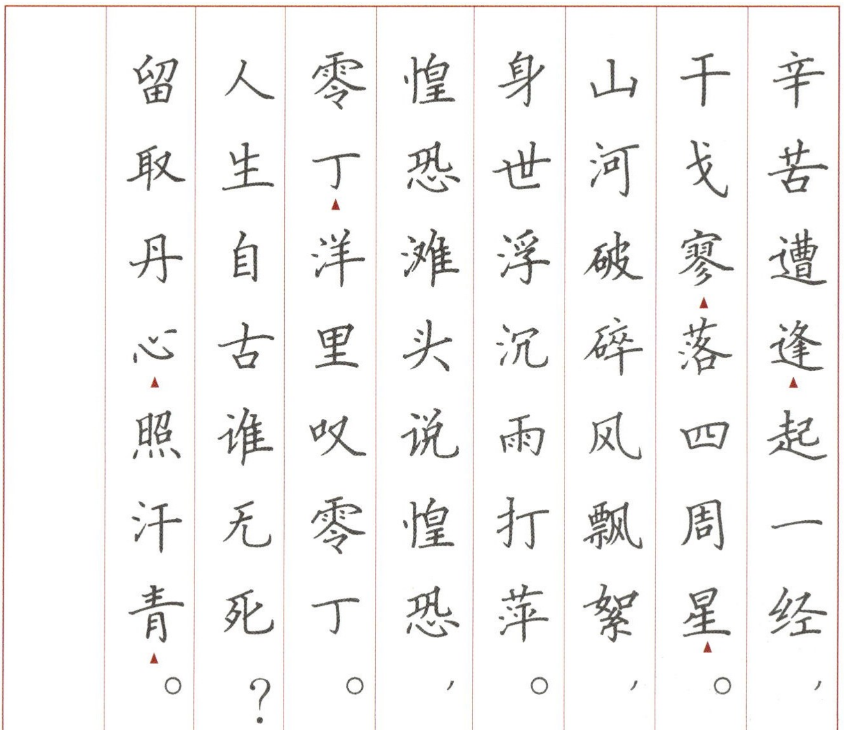

▲遭逢：指遇到朝廷的选拔。　▲四周星：四周年。　▲寥（liáo）落：荒凉冷落。

▲零丁：孤苦无依的样子。　▲丹心：红心，比喻忠心。　▲汗青：史册。

诗人回想起早年科举入仕途的艰辛，如今战火已经平息。但国家仍危在旦夕，就像狂风中飘零的柳絮。他的命运就像水中的浮萍，时起时落，飘摇不定。惶恐滩的失败仍然是诗人心中抹不去的伤痕。诗人被俘漂浮在伶仃洋中，深感孤苦伶仃。自古以来谁能够长生不死？但至少要留着一颗爱国之心照亮史册。

《山水画》［明］傅濡

诗说

早晨朦胧的雾气仿佛将水和天连在了一起。银河转换，千帆在水中逐浪飘荡。迷迷糊糊中灵魂仿佛飞到天帝那里，诗人听到天帝情意恳切地问她：想要归去何处？

诗人回答道：路途漫长，现在已是黄昏却还未到达。即使我学诗能写出惊人的语句，又有什么用呢？长空九万里，大鹏冲天飞。风啊，千万别停！将我这一叶轻舟，直接送去蓬莱三岛吧。

这是婉约派词人李清照少见的一首风格豪迈的作品。

画中崇山峻岭，巍峨挺拔，两山之间有江水流过，近处峭壁上生长着两棵古松，苍劲有力，显示出顽强的生命力。一人乘坐在扁舟上，随波漂荡，欣赏着雄伟峻峭的景色。整幅画意境幽深而峻远。

渔家傲·天接云涛连晓雾

［南宋］李清照

天接云涛连晓雾。星河欲转千帆舞。仿佛梦魂归帝所，闻天语，殷勤问我归何处。

我报路长嗟日暮，学诗漫有惊人句。九万里风鹏正举。风休住，蓬舟吹取三山去。

▲星河：银河。

▲帝所：天帝居住的地方。

▲嗟（jiē）：慨叹。

▲漫有：空有；漫，徒、空。

▲鹏：古代神话中传说的大鸟。

▲蓬舟：像蓬蒿被风吹转的船。

▲三山：《史记·封禅书》记载：渤海中有蓬莱、方丈、瀛洲三座仙山。

悠扬婉转的婉约词

婉约词的内容一般含蓄婉转，表达儿女风情的较多，语言圆润清丽。

北宋婉约词

欧阳修对词风进行了革新，扩大了词的抒情功能，他的词深婉清丽，代表词“泪眼问花花不语，乱红飞过秋千去。”（《蝶恋花》）

柳永是婉约词派的创始人物，他多写城市风光和歌女生活，人称“凡有井水处，皆能歌柳词。”

晏殊特别擅长小令（词在58个字以内为小令），风格含蓄婉转，代表词“无可奈何花落去，似曾相识燕归来。”（《浣溪沙》）

晏几道，也痴迷于小令，与其父晏殊并称“二晏”，词的语言清丽，代表词“十里楼台倚翠微，百花深处杜鹃啼。”（《鹧鸪天》）

南宋婉约词

李清照有着“千古第一才女”的称号，善于使用白描的手法，语言清丽，代表词“常记溪亭日暮，沉醉不知归路，兴尽晚回舟，误入藕花深处。”（《如梦令》）

姜夔多才多艺，精通音律，他不仅会写词，也会写曲，所以他的词集后面常常会伴有乐谱，代表词“二十四桥人在，波心荡，冷月无声。”（《扬州慢》）

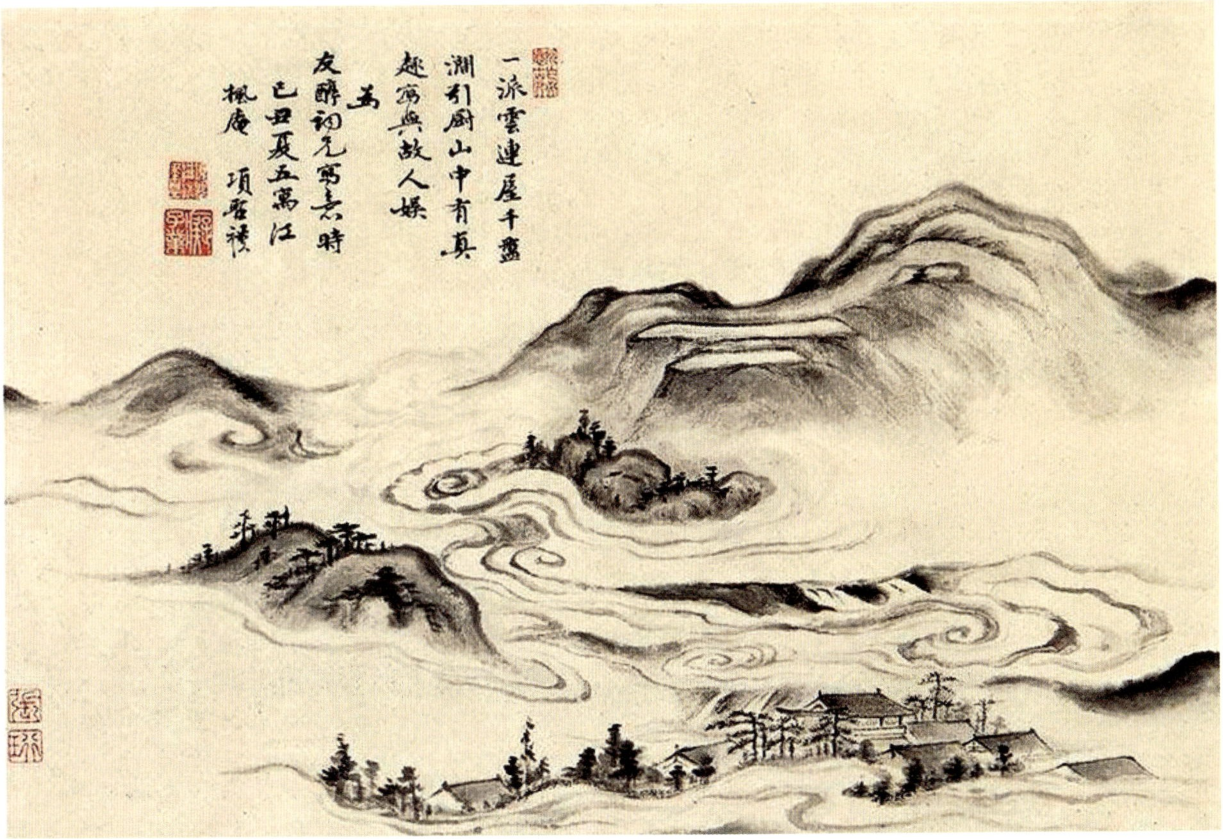

《山水图》［明］项圣谟

这是一幅淡雅悠远的水墨画，画中山峦连绵起伏，河水蜿蜒曲折，绿树隐隐中有屋舍几间。画家笔法舒展，用墨浓淡相宜，大量的留白使画作更增添了一些意境。

书愤 其一

【南宋】陆游

早岁那知世事艰，
中原北望气如山。
楼船夜雪瓜洲渡，
铁马秋风大散关。
塞上长城空自许，
镜中衰鬓已先斑。
出师一表真名世，
千载谁堪伯仲间！

▲早岁：早年。

▲瓜州：在今江苏邗江南长江边。

▲大散关：在今陕西宝鸡西南。

▲名世：名传后世。

▲伯仲：比喻人物不相上下。

诗说

诗人年轻的时候就立志北定中原，可没想到竟然如此艰难。他经常怀着一腔热血向北望着中原大地。记得在瓜州雪夜里飞奔着的楼船战舰，秋风中跨战马纵横驰骋，收复了大散关捷报频传。诗人曾自比万里长城，要为祖国扫除边患。可如今镜中的诗人已年老而发疏。出师表，真的不愧为千古名篇，有谁能像诸葛亮那样鞠躬尽瘁啊！

这首诗是陆游七言诗的名篇，诗句出自他的亲身经历，更有真实感和感染力。

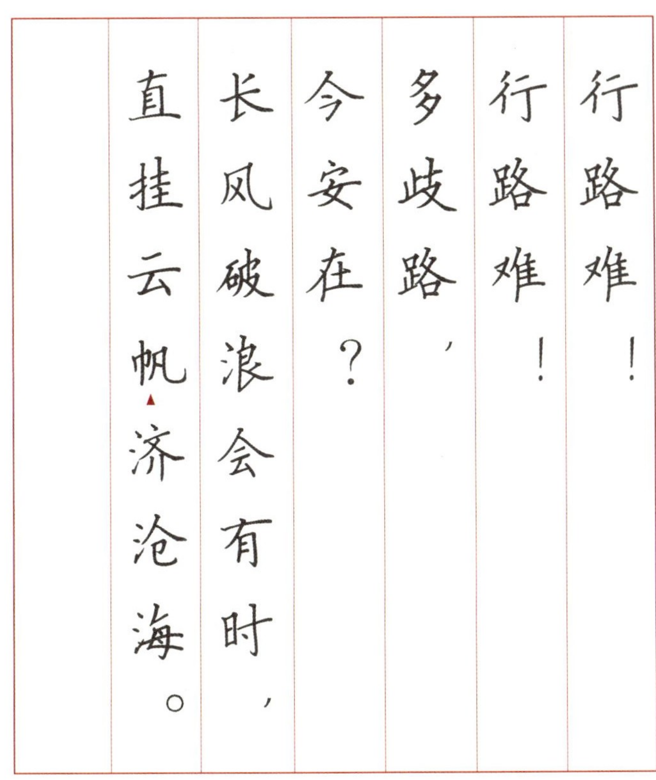

金杯里装着名酒，每一斗都很贵。盘中有精美的菜肴，价格也很昂贵。停下筷子吃不下去，拔剑环顾四周，诗人的心里很茫然。想渡黄河，冰雪堵塞了这条大川；要登太行，莽莽的风雪早已封山。想像吕尚一样在溪边垂钓，等到东山再起；又想像伊尹一样在梦里，乘船经过日边。

世上的路啊，多么艰难！眼前崎岖的道路，诗人该往哪里走啊？可是诗人相信，总有一天，他能乘长风破万里浪；高高挂起云帆，在沧海中勇往直前。

行路难

[盛唐] 李白

金樽清酒斗十千，
玉盘珍羞直万钱。
停杯投箸不能食，
拔剑四顾心茫然。
欲渡黄河冰塞川，
将登太行雪满山。
闲来垂钓碧溪上，
忽复乘舟梦日边。

▲金樽（zūn）：古代盛酒的器具，以金为饰。　▲斗十千：形容美酒价贵。

▲珍羞：珍贵的菜肴；羞，同“馐”，美味的食物。

▲箸（zhù）：筷子。

▲太行：太行山，在现在山西、河南、河北三省交界处。　▲云帆：高高的帆。

《鞍马图》［清］金农

练字指导

常用偏旁之提土旁。
写提土旁时，
竖与横中部相交，
提画左放右收，
左边较小，竖画起笔高。

画赏

这是一幅人物画，画面中的人物头戴黑色的将军帽，身披红色的战袍，英姿飒爽，一旁的白马披散着长长的鬃毛，眼睛大而有神，整幅画造型奇特拙朴，布局讲究。

破阵子·为陈同甫赋壮词以寄之

【南宋】辛弃疾

醉里挑灯看剑，
梦回吹角连营。
八百里分麾下炙，
五十弦翻塞外声。
沙场秋点兵。
马作的卢飞快，
弓如霹雳弦惊。
了却君王天下事，
赢得生前身后名。
可怜白发生！

▲破阵子：词牌名。 ▲麾：军旗。 ▲塞外声：指悲壮粗犷的军乐。 ▲沙场：战场。
▲霹雳（pī lì）：特别响的雷声。 ▲天下事：这里指收复北方失地的国家大事。 ▲可怜：可惜。

诗说

醉梦里挑起油灯看着自己的宝剑，梦里回到了吹响号角的营地。把牛烤了分给部下充饥，乐队也奏起北疆的歌曲。这是秋天在战场上阅兵，准备迎战的样子。战马像的卢马一样跑得飞快，弓箭拉起来像惊雷一样震耳离弦。诗人一心想为君王收复国家失地，取得世代的美名，可是现在却已经成了白发人。

诗人很想有一番作为，却无奈年事已高，辛弃疾失落的心情在这首诗中得以表达。

气势磅礴的豪放词

北宋以苏轼为代表，词风波澜壮阔，多抒发人生态度；南宋以辛弃疾为代表，词风慷慨悲凉，多抒发爱国壮志。

北宋豪放词

苏轼突破了音乐对词的束缚，他写词供人阅读，不求演唱，词挥洒自如，偶尔不求音律和谐，代表词有“竹杖芒鞋轻胜马，谁怕？一蓑烟雨任平生。”（《定风波》）

范仲淹的词现存虽少，但每一首都脍炙人口，词风格清丽豪健，气势恢宏。代表词有“千嶂里，长烟落日孤城闭。”（《渔家傲·秋思》）

南宋豪放词

陆游的词主要书写着爱国情怀，慷慨壮志难酬的悲愤，他的词将理想和现实做强烈的对比，代表词有“胡未灭，鬓先秋，泪空流。”（《诉衷情》）

辛弃疾一生命运多舛（chuǎn），壮志难酬，词多写国事，以豪放为主，慷慨悲歌，代表词有“醉里挑灯看剑，梦里吹角连营。”（《破阵子》）

书写练习（同步临摹）

文中对应页

绘画作品索引（仅为本册索引）

全套诗词索引（按诗人朝代和出生先后来排序）

盛唐诗歌

中唐诗歌

南宋诗歌

元明清诗歌

《仿惠崇笔意扇面》【清】王鉴

编委会

图书在版编目（CIP）数据

你好啊，小诗词．壮志深忧国 / 刘道林编著 ； 霜豪绘．-- 北京 ： 中国铁道出版社有限公司，2021.5
ISBN 978-7-113-27736-9

Ⅰ．①你… Ⅱ．①刘… ②霜… Ⅲ．①古典诗歌－中国－中学－课外读物 Ⅳ．①G634.303

中国版本图书馆 CIP 数据核字（2021）第 026316 号

书　　名： **你好啊，小诗词：壮志深忧国**
NI HAO A，XIAOSHICI：ZHUANGZHI SHEN YOU GUO
作　　者： 刘道林
插　　图： 霜　豪
策划编辑： 聂浩智　郭景思
责任编辑： 郭景思　　**电子信箱：** guojingsi@sina.cn
责任印制： 赵星辰
出版发行： 中国铁道出版社有限公司（100054，北京市西城区右安门西街 8 号）
印　　刷： 北京柏力行彩印有限公司
版　　次： 2021 年 5 月第 1 版　　2021 年 5 月第 1 次印刷
开　　本： 889 mm × 1194 mm　1/24　印张：24　字数：640 千
书　　号： ISBN 978-7-113-27736-9
定　　价： 198.00 元（全 8 册）

凡购买铁道版图书，如有印制质量问题，请与本社读者服务部联系调换。
电话：（010）51873174
打击盗版举报电话：（010）63549461